Sibylle Burr

westwaerts ... und zurück

Anhand fotografischer Skizzen sowie Tagebucheintragungen, in Gesprächen mit Passanten, Anwohnern und Mitreisenden beschreibt Sibylle Burr Fragmente einer zweijährigen Reise. Dabei bewegt sie sich in den Jahren 2016 und 2017 mit dem Zug oder Auto von Uhingen nach Esslingen, hier dann zu Fuß entlang der Südtangente zum Stadtstrand Esslingen. Im Mittelpunkt der Aktion steht das eigene Schauen und das Gespräch.

Sibylle Burr
geboren 1952 als manmadereadymade in Mannheim
1971 -78 Studium der Biologie und Anglistik in Tübingen und Leeds/GB
1991-95 Malerei und Freie Grafik Freie Kunstschule Stuttgart
1994 Publikation FRAKTALE ORDNUNG UND KUNST
Zahlreiche Kunstprojekte weltweit
www.sibylleburr.com

Sibylle Burr

westwaerts

... und zurück

FSC
www.fsc.org
MIX
Papier aus verantwortungsvollen Quellen
Paper from responsible sources
FSC® C105338

Bibliografische Information der Deutschen Nationalbibliothek:
Die Deutsche Nationalbibliothek verzeichnet diese Publikation in der Deutschen Nationalbibliografie; detaillierte bibliografische Daten sind im Internet über http://dnb.dnb.de abrufbar.

Fotografie / Cover : Sibylle Burr
Layout / Satz : Sibylle Burr
Herstellung und Verlag: BoD – Books on Demand, Norderstedt
ISBN 9783744872829
Auch als eBook erhältlich

Dass also alles aus Betrachtung
hervorgeht und Betrachtung ist,
sowohl das wahrhaft Seiende
wie das, was während seines
Betrachtens entsteht und seinerseits Betrachtetes ist.

[Plotin]

I

Samstag, 16.01.2016

Treffpunkt Weststadt Esslingen … komme mit dem Zug … morgens spät aufgestanden ... noch müde erinnere ich mich … heute ist die Demo gegen Rassismus in Stuttgart … zu spät … die Zeit reicht nicht, um hinzugehen … bin etwas verpeilt … Haare gefärbt ... der Zug nach Esslingen fährt um 12.57 Uhr … hoffentlich nicht zu spät … die Züge kommen oft zu spät … oder sie fallen ganz aus … die Zeiten sind so, dass nicht der Reisende den Anschluss verpasst, vielmehr verpasst der Zug den Reisenden … heute ist es nicht so … es sind nur 5 Minuten … das ist zu verkraften …

Ich soll um 14 Uhr an vereinbarter Stelle sein … bin etwas früher da … mir bleibt also Zeit … gehe entlang der Baustelle auf der Südtangente … der Westen hebt sich von den Konsumtempeln gegenüber dem Bahnhof deutlich als Baustelle ab … ich überquere die Straße, gehe nach links und bewege mich entlang des Zaunes …

Eigentlich ist alles in Bewegung, nur unsichtbar, zuweilen unhörbar … nur der Fühlende vernimmt das Strömen … ich ströme mit … dem Rattern der Züge, dem Surren der Autos, mit Vögeln, die mich westwaerts überholen ohne Mühe … ich fühle mich wohl … ich lebe … das Hinken ist vorbei … ein Fuß setzt sich auf den unter mir liegenden Betonboden, dann der andere, eins, zwei, eins, zwei … ich darf teilnehmen … am Leben … ich schaue nach unten ... einige Pflanzenarten fristen als Überlebenskünstler hier ihr Dasein … ungefragt … ungebeten … ich mache ein paar Schnappschüsse … ein Bus wartet, es ist eiskalt … schließlich erreiche ich das Areal, wo die Container aufgestellt sind, Zufluchtsort der Flüchtlinge … wieder ein paar Schnappschüsse. Jemand aus dem eingezäunten Areal winkt mir zu, ich winke zurück. Ich stehe außerhalb des Zaunes, will ich überhaupt Kontakt? Der Zaun zwischen uns schafft Abstand, ich könnte hineingehen, tue es aber nicht.

Ein älteres Ehepaar nähert sich ... was ich da denn mache, wir reden kurz über Flüchtlinge. Ich kann mich nicht mehr erinnern, was ich sagte, Allgemeinplätze, ein Kunstprojekt, wie auch immer, Autos nähern sich, weitere Künstler tauchen auf. Jerome hat ebenfalls eine Kamera dabei, auch in einer Umhängetasche wie ich, mit Reißverschluss oben, wahrscheinlich hat er das Gleiche gedacht wie ich. Nach einiger Zeit gehen wir als größere Gruppe einige Straßen ab … Josef erklärt die Umgebung, sein Gesicht ist rot von der Kälte und er gestikuliert beim Sprechen. Er hat einen kurzen Zigarettenstummel in der Hand, ignoriert ihn jedoch, da er so mit seiner Beschreibung befasst ist. Maria nimmt ihm den Stummel vorsichtig ab, da die glühende Asche bereits die Epidermis seines Zeigefingers berührt. Das fand ich wirklich aufmerksam. Wir gehen und sprechen … über Kunst, das Areal , die Gebäude … wieder ein paar Schnappschüsse … vorbei an einer Eisenwarenhandlung ... wir sind in der Fleischmannstraße ... Fleisch in der Straße … Fleischstraße … die Straße der Fleischmänner, Christus … zu Fleisch geworden … warum es wohl nicht Fleischfraustraße heißt? Wir ziehen weiter … eine Betonwand eines Parkhauses … würde sich als Projektionsfläche eignen … und weiter geht es …. ein Blick in den ehemaligen Schlachthof … Schlächter … geschlachtet … ungeschlacht … ausschlachten … Schlachttag … ein Fleischhaus, in dem einst Fleischmänner zugange waren, um Fleischfrauen zu nähren … weiß gekachelt … es könnte auch der background für einen neuen Tatort sein … später dann, ein Künstleratelier … und noch eins … ich bin müde … nach einiger Zeit … eine Besprechung im VHS Haus … wenige Gedankenfetzen. Kann Menschenwürde keimen? Dada … da sind die wunderbaren Hefeschnecken mit Walnüssen und Cranberries von Edda. Sie werden restlos aufgegessen. Wir laufen zurück … Edda fährt mich zum Bahnhof. Ich sitze in einem cognacfarbenen Innenraum, das Auto ist irgendwie speziell, obwohl schon älter.

Mittwoch, 19.01.16

Ein Teil der Bilder vom Samstag war überbelichtet, falsche Einstellung. Fahre wieder mit dem Zug ... Steige in Esslingen aus, bin froh, dass ich tagsüber fahre … abends meide ich Züge und Unterführungen aus Angst angegriffen zu werden. Diese Angst ist nichts Neues. Vor ein paar Jahren wurde eine Frau am Uhinger Bahnhof zusammengeschlagen.

Ich diskutierte damals mit Schülern über Zivilcourage. Ich frage mich immer, wie couragiert ich eigentlich selbst bin. Die Frage ist zudem, wo denn die Grenze zwischen Mut und Selbstüberschätzung liegt. Meine Kraft reicht oft nicht einmal aus, um ein Marmeladeglas zu öffnen. Schon vor Jahrzehnten, als ich in Leeds in einem Pub arbeitete, bin ich mit dem Fahrrad in der Mitte der Straße gefahren, so dass mich keiner von der Seite her angrapschen konnte.

Als Jugendliche hatte ich immer Angst, dass jemand zum Fenster einsteigt. Wir wohnten ebenerdig. Habe mir kürzlich eine Trillerpfeife gekauft, da ich weder laut schreien noch schnell rennen kann … man kann sie sich um den Hals hängen … komme die Treppe aus dem Esslinger Bahnhof hoch und mache zuerst einen Abstecher in den gegenüberliegenden Konsumtempel … Schlussverkauf … viel Konsummüll … ich sehe nichts, was mich wirklich interessiert … habe außerdem kein Geld … ich überquere die Straße Richtung Weststadt … vorbei an einer Ankündigung zu einem Vortrag über Terrorismus … diese Diskussion gab es bereits vor 40 Jahren, nur geht es jetzt um den Dschihad und Rechtsterrorismus … ich bewege mich wieder nach links entlang des Zaunes … heute ist es wärmer … am Boden fallen mir neben der Baustelle zerschlagene Versteinerungen auf … ein paar Pflanzen zwängen sich zwischen den Fugen der Pflastersteine hervor und recken ihr Palisadenparenchym zum Licht hin … überall Wachstum, vor mir, in mir, rechts und links neben mir … dürre Pflanzen im Schnee … sie sitzen fest … ein Flüchtling verweilt in der Sonne vor den Containern und telefoniert … andere kaufen ein oder kommen vom Einkaufen, sie tragen Plastiktüten mit Inhalten, die Sonne ist gleißend und taucht die bläulichen Plastikplanen in wasserartiges Licht … hier soll sonst nichts wachsen … Ich laufe wieder zurück Richtung Bahnhof … die Zeit ist zu schnell vergangen … ich hatte es nicht bemerkt … entlang der Fleischmannstraße … tausende Fruchtstände von *clematis vitalbae,* der gewöhnlichen Waldrebe, ranken sich in Haufen am Zaun entlang … wie schön sie sind … ihre samtweichen Haare brechen das Licht zu einem wachsweichweißwarmen Licht … es streichelt meine Haut, mein Inneres … eine kurze Ewigkeit … Später lese ich, sie sei giftig … schnell gehe ich weiter … der Zug kommt in Kürze ...

Samstag, 13.02.2016

Jour fixe im Container *Kunstwerkstatt West* in Esslingen. Ich komme aus einer Diskussion und fühle mich relativ elend. Da wir so lange geredet haben, nehme ich das Auto … der Tag ist trübe und gedrückt, ganz wie meine Stimmung … wir fliehen nicht vor einem Niemandsland wie die Flüchtlinge aus Syrien und trotzdem gibt es diesen täglichen Kampf des Sichfindens, der Verortung, des Sesshaftwerdens und Umziehens … wie schwer es ist, würdevoll miteinander umzugehen … so sehr man sich anstrengt, sind die Augenblicke der Begegnung mühsam, schmerzhaft, dann wieder zärtlich … der Stadtstrand der Weststadt ist ein Bett für meinen Gemütszustand … grau, ein Bruch- und Aufbruchgelände, Zäune, Pfützen, Schutzsuchende … blinde Fenster … die Lamellen der herabgelassenen Rollläden wollen mir sagen, warte noch, die Tür ist noch verschlossen …

Ich finde einen Platz für das Auto, welcher nicht knöllchengefährdet erscheint … ich verlasse die stählerne Hülle, um ein neues Inneres zu finden … das gleißende Licht des letzten Besuchs ist nicht mehr da … trotzdem ein Kasten mit einer Tür und 3 Fenstern … 3 Artgenossen vor dem Container denkend und rauchend … ich öffne die Tür und sehe sitzende Menschen mit Erwartungen … das drückende Gefühl in der Bauchgegend wird leicht überlagert. Mein zweites Darmgehirn meldet: Begegnung ist möglich, setz dich hin ...

Der Raum hat eine andere Ausstrahlung, es ist geputzt worden. Neue Ideen sollen nicht in staubigen Ecken hängenbleiben. Maria und Josef fragen mich, wie's mir geht. Ein Gefühl der Wärme umgibt mich … ist der Kuchen von dir? Nein, von Jorinde. Worum geht es, was ist …?

Einige zeichnen Gedankengebäude in die Luft, Josef berichtet, Menschen aus dem angrenzenden Flüchtlingslager waren hier. Es gab schon ein Dazwischen, ein Gespräch ... kleine Portraits hängen an der Wand in Form von Worten, Sätzen, Bildern ... Josef meint, die Zeichnungen seien fast wie Zeichen. Sprache gibt es auf vielen Ebenen, man muss sie nur hören, sehen, sichtbar werden lassen ... Man kann sie auch nur fühlen, ohne dass ein Laut den Raum auskleidet. Hauptsache, es wird gesprochen und der ganze Salat, der zwischen Darm- und Großhirn kreist, arrangiert sich zu einer bestimmten Ordnung. Menschen wollen gehört und verstanden werden, egal ob vor oder nach der Flucht.

Dada kommt ins Gespräch, dass es bis heute wirkt, ... ja was ist anders im Vergleich zu 1916 ... wo ist der Fortschritt? Was ist erreicht? Gibt es bessere Menschen ... heute ...? Zerstörung und Aufbau geben sich die Hand. Kaffee ergießt sich über die ausgeteilten Flyer ... als ob Worte, kaum geäußert, sich jäh materialisieren.

Samstag, 05.03.2016

2. Aufbautag, ich habe 1 Woche gefastet ... den Zellmüll entsorgen, ... dann wieder aufbauen ... Bahnhof Uhingen bis Esslingen Bahnhof ... das Wetter ist mies ... es regnet ... der Zug ist voll mit VFB-Fans ... alle tragen Schals und trinken Bier ... eine Computerstimme kündigt die nächste Haltestelle an ... Ebersbach ... Ausstieg in Fahrtrichtung rechts ... es steigen weitere Männer ein, sie trinken ebenfalls Bier ... der Zug ist rappelvoll ... es geht westwaerts ... Ich hab noch einen Platz ergattert in der Menge ... 5 leere Bierflaschen liegen schon auf der Kofferablage ... Welche Gedanken transportiert dieser Zug? Biervernebelte Gehirne ... ich habe ein komisches Gefühl ... es passt zum Wetter ... der Regen fällt nach unten, so wie der Zug gen Westen fährt ... es ist schwer, Richtungen aufzuhalten ... nächster Halt ... Reichenbach ... Ausstieg in Fahrtrichtung rechts ... im Zug gibt es angeregte Gespräche ... die Leute schauen sich an oder bearbeiten ihre Smartphones ... es gibt auch Blicke, die mich treffen ... rechts von mir gangwärts geht eine Bierflasche vorbei ... die Hinfahrt mit den VFBlern ist sicher angenehmer als die Rückfahrt.

Plochingen ... Ausstiegsseite in Fahrtrichtung rechts ... ich steige in Esslingen aus ... mein Weg geht wieder entlang des Bauzaunes auf der Südtangente zum Container ... die Tische und Bänke stehen im Carree und sind fast ganz besetzt.

Martin kommentiert die Rolle der Kunst in der arabischen Welt. Im Ansehen stehen Kunst und Künstler ganz am Ende der Kette. Im Vordergund steht die Rede ... es heißt ja auch: Du sollst dir kein Bildnis machen. Was Schönes machen ist vom Karma her nicht notwendig, der Mensch an sich ist schön, außerdem wird es im Paradies schön sein, für den normalen Menschen ist das

Prestige sekundär. Malen und Zeichnen im Unterricht gibt es so nicht, ... Ton ist schmutzig ... Architektur ist eine mathematische Angelegenheit ... ein Besuch im kalligraphischen Museum konfrontiert einen mit Werken, welche in einem jämmerlichen Zustand sind. Steffen verweist auf seitenweise kalligrafischer Zeichen auf Facebook ... es geht hier mehr ums Ornament, doch Schriftzeichen machen erstmal Angst. Josef beschreibt die Art der Kommunikation ... ein Sudanese sei schon lange da, könne jedoch kein Deutsch, kann sich aber mit Arabern unterhalten. Die Leute im Container haben unvorstellbar große Probleme. Ein algerischer Busfahrer habe einen Stempel im Ausweis ... Ausreise am 19.08. ... die Mutter liege im Sterben ... man sei dann wenigstens wieder im Tod vereint ... Martin würde gerne eine Installation mit Stacheldraht machen ... das Zaunthema ... die Frage ist ... woher kommt der Natodraht? Ein Problem sei jedoch die Verletzungsgefahr ... Heiderose macht Kaffee ... sie fragt mich, ob ich auch eine Tasse wolle ... Maria stellt uns ihre Idee vor, Schlafsäcke zu installieren ... das Thema sei Behausungen in der Weststadt ... wer hat Obdach ... wer nicht ... Josef erzählt, dass ein Obdachloser immer wieder komme, um Wasser zu holen ... man könne den Schlafsack irgendwo platzieren ... die Frage sei, ob Leute es aushalten, dass ein Schlafsack rumliegt ... uns ist allen klar, dass es auch Leute gibt, die noch weniger Heimat haben als die Asylanten ... Maria müsste ihren Jahresurlaub opfern, um das Projekt durchführen zu können ... Sie stellt die Idee deshalb zur Verfügung.

Josef bemerkt, dass es schön wäre, wenn jemand abwaschen würde ... Heiderose und ich gehen in Richtung Spüle ... Edda nimmt mich in ihrem Auto mit ... ich steige aus und schlage den Weg zum Bahnhof ein ... ich überlege, ob ich noch Leute zum Menschenwürdebegriff befragen soll, mir ist es jedoch zu kalt und ich gehe stattdessen zu Presse und Buch ... Spiegel Titel: *Wir schaffen das* ... dann die ART ... ein Artikel über Duchamp ... Ich kann nicht widerstehen ... Bei der Kunst geht es um die Idee.

Mein Zug fährt 17.29 Uhr… ich bin auf Gleis 5 … der Zug nach Göppingen fällt offensichtlich aus ... ich wechsle auf Gleis 8 … Zielort Plochingen … Die Weststadt liegt hinter mir … es ist unangenehm kühl … der Zug ist überfüllt … In Plochingen angekommen wechsle ich auf Gleis 4 … RE Richtung Göppingen … der Zug fährt durch … Gleisarbeiten … Ich steige in Göppingen aus, um wieder zurückzufahren … Gleis 4 Richtung Plochingen … offensichtlich gibt es keine Zwischenhalte ...

Die Masse der Zugfahrer rennt durch die Unterführung, die Treppe hoch … hier steige ich ein … der Zug mit gleichbleibender Geschwindigkeit … westwaerts … Ich bin wieder in Plochingen … Endstation … Ein Zettel an einem Glashäuschen gibt mir zu verstehen, heute lautet das Motto SVE … Schienenersatzverkehr … Ich steuere auf 2 Busse zu in der Annahme, dass sie mich zum Zielort bringen … Zu sehen sind 2 Busfahrer, jeweils vor ihrem Fahrzeug stehend … ich schöpfe Hoffnung … Der Bus, der demnächst starten soll, hat einen kaputten Anlasser … Mist … nichts geht … Ich will zu Hause anrufen, habe aber mein Handy vergessen. Einer der beiden Fahrer gibt mir freundlicherweise seins … Ich erreiche jemanden, doch keiner kann mich abholen … Dann sagt man mir, die letzte Abfahrt ist 19.50 Uhr … Der Fahrer gibt mir zu verstehen, dass dies wirklich der allerletzte Bus ist, danach geht nichts mehr. Mir ist klar, ich wohne in der Pampa. Ich entschließe mich, 1 Stunde in der Dönerbude zu verharren. Da ich dringend auf die Toilette muss, zahle ich 50 Cent und bewege mich eine verwinkelte, gekachelte Treppe nach unten … mir ist nicht ganz wohl … alles ist unübersichtlich ...

Donnerstag, 10.03.2016

Uhingen … ich stehe wieder auf dem Gleis Richtung Esslingen. Hoffentlich ist der Zug heute pünktlich, bzw kommt überhaupt. Ich setze mich in das kleine Wartehäuschen auf die bekritzelte Bank … Ist das Kunst? Ich installiere mich sozusagen auf einem manmetaorganismusmadereadymade … am anderen Ende der Bank sitzt ein Jugendlicher, der sein Smartphone bearbeitet ... glupsch, glupsch, glupsch … summt das Gerät … es könnte auch sagen: Hör mich, hör mich, hör mich, ich bin wichtig, vollkrassmann. Ich warte ... Ein Ehepaar steuert auf mich zu … der Mann spricht mich an: »Hallo junge Frau … darf ich Ihnen meine Freundin anvertrauen?« Die Frau trägt einen Blindenstock und eine Sonnenbrille, sie muss in Cannstatt aussteigen. Der Freund geht … wir warten. Ich helfe ihr in den Zug, der wie üblich 20 Minuten später als angekündigt kommt … die Frau tastet sich die Sitze entlang …

Ein Reisender, der an Adipositas leidet, macht uns den Platz frei … wir setzen uns … die Frau mit der dunklen Brille klappt ihren weißen Stock zusammen, den Blick geradeaus. Wir reden über das Wetter, den Garten, erste Pflanzen im Beet, sie hat einen kleinen Hund, einen Mischling. Ein anderer Freund holt sie in Cannstatt ab, … hoffentlich wartet er. Heute fahre ich an Esslingen vorbei, eine Freundin wartet in Stuttgart.

Samstag, 19.03.2016

Ich hatte meine Tasche bei Marianne liegenlassen … hole sie kurz ab. Nicky mit ihren schafartigen Ohren und ihrem schwarzweißen Fell bellt mich hinter dem Zaun stehend an, schließlich ist sie ein Wachhund.

12.56 Uhr ... RB Richtung Esslingen … heute ist die Bahn nur 5 Minuten zu spät. Ich fotografiere Schmierereien auf den Schallschutzwänden. Der Zug ist voll wie jeden Samstag. Heute sehe ich jedoch keine VFBler. Beim Vorbeifahren lese ich an einer Wand …*Fick die Welt* …wie das wohl geht? Ein Mann fixiert mich. Ich schaue weg. Er wendet sich wieder seinem Iphone zu. Ansonsten ein Sprachgewirr … gestern Italienisch, heute Türkisch … ein blaujackiger Mann mit rotem Schlotzer geht an mir vorbei … hinter mir kurze beats, Reichenbach, Ausstieg in Fahrtrichtung rechts … bei Norma gibt es heute Fertigrahmen leinwandbespannt … blau, rot , grün, gelb für jeweils 2.99 Euro … jeder ist ein Künstler. Ein Starkpigmentierter setzt sich mir gegenüber. Ich steige in Esslingen aus … kurz noch ins Einkaufszentrum… die neuen Smartphoneangebote checken. Eine Verkäuferin bemüht sich um mich. Ich habe nicht wirklich Zeit … nehme ein paar Angebote mit, dann zum *Jour fixe* …

Wir sitzen im Container, es geht um die Ausstellungseröffnung: *Haben wir uns schon gesehen*? Kleine Platzverteilung der wenigen Wände. Meine Kurzvorstellung landet im Badhaus. Es ist nicht der Hauptort des Geschehens, etwas abgelegen, aber ich kann ja auch nicht da sein bei der Hängung. Bald kommt mein Enkel zur Welt, das hat absoluten Vorrang.

Zurück nehme ich den Zug 16.42 Uhr nach Ulm, wieder 5 Minuten zu spät … kann die Bahn überhaupt einmal pünktlich sein? Ich gehe noch kurz in den 1 Euroshop … kaufe eine Frischhaltebox. Gleis 5, die Warterei, es ist eisig… Am Bahnhof fährt eine türkische Hochzeit vorbei … lautes Hupen mit türkischen Fahnen auf den Kühlerhauben. Mein Blick nach oben wird festgehalten von der Grafik der Oberleitungen. Ich denke an Sonderborg … mache ein paar Fotos. Im Zug wieder ein Potpourri der Nationen. Die nächste Generation wächst im Kinderwagen. Eine Frau mir gegenüber mit Strickzeug, schräg gegenüber ein Langhaariger mit ergrautem Haar, könnte mein Alter sein. Neben mir stark pigmentierte Artgenossen mit Sneakers, ich bin müde. Wenigstens hält der Zug heute überall.

Eine kurze Pause zuhause, dann fahre ich wieder zurück nach Esslingen … Ich werde doch das günstige Angebot eines Samsung Galaxy S7 wahrnehmen.

Ich warte in Uhingen am Bahnhof. Der Bahnhof füllt sich mit feschen Mädchen und Frauen, die sich fürs Stuttgarter Frühlingsfest herausgeputzt haben, kurze und lange Röcke aus ganz unterschiedlich gemusterten Stoffen, die Haare kunstvoll zu Zöpfen geflochten oder zu Schnecken gezwirbelt, hin und wieder auch ein Haarkranz. Erwartungsvoll, teilweise mit rotgeschminkten Lippen sehen sie herausfordernd lederhosentragende Burschen mit karierten Hemden an. Alles wirkt sehr deutsch. Der Zug kommt, wir steigen ein … Im Abteil ist der Äther schon mit Alkohol angereichert, lautes Reden, Lachen, Rufen, Bier macht die Runde, in der Mitte ein Kübel, in den leere Kurze reingeworfen werden. Auf dem Boden des Zuges stehen Haferlschuhe mit strammen Waden.

Dienstag, 05.04.2016

Fahre heute mit dem Auto nach Esslingen. Es regnet in Strömen … Wir haben neue Fenster bekommen … für eine neue Aussicht. Ich parke neben dem Stadtstrand … mache ein paar Fotos … wieder ein trüber und nasser Tag. Die Container verschwinden im allgemeinen Grau der Umgebung … ein Raucher begrüßt mich … ich gehe in den kleinen Kasten …

Verschiedene Augen mustern mich und empfangen mich freundlich … Josef und Jorinde gehen auf mich zu … sie sind in ein Gespräch mit einem Syrer verwickelt. Ein anderer bringt mir Kaffee … wie schön … ich genieße die einladende Atmosphäre ...

Ich muss nicht verreisen, die Welt ist hier. Ich nippe an meinem Kaffee … der Syrer hat englische Literatur studiert … wir reden über Shakespeare und Beckett, vor allem Beckett … unser aller *Waiting for Godot* … wir warten alle auf etwas … das noch kommen soll. Ich denke an meine *nuts* performance … *being something, although feeling nuts* …

Wir sprechen über schlechte Angewohnheiten, z.B. das Rauchen, warum wir bestimmte Süchte brauchen … ich sage, dass ich mich mit Menschenwürde beschäftige … was es denn ist oder sein soll ... dass ich diesem Begriff nachspüre … ob es eine Illusion ist … der Syrer meint, es sei eine Illusion, es gäbe keine Menschenwürde, aber er würde sich den Begriff durch den Kopf gehen lassen, … wir gehen wieder rein … ich verteile die mitgebrachten booklets in Arabisch und Deutsch. Ein junger Mann neben mir will Deutsch lernen, ich zeige ihm die beiden booklets und sage, ich würde auch gern Arabisch lernen, ich sage, es geht um Menschenwürde, darum, dass ich und du gleiche Rechte und Pflichten haben …, wir lesen Arabisch von rechts nach links, Deutsch von links nach rechts … *karamat al-Insan* … Menschenwürde …

wir schreiben auf eine Karte Artikel 1 …

14.55 Uhr, Abfahrt Bahnhof Uhingen … die Laufschrift zeigt an … *der Zug kommt heute 10 Minuten später* … es könnte eine Installation von Jenny Holzer sein …

Ich gehe mit meiner Kamera den Bahnsteig entlang. Einige der Schmierereien an den Schallschutzwänden fotografiere ich … *Zecken bekämpfen … I love NS* … Ohne die Wände wäre der Bahnhof schöner. Hinter der Schallschutzwand ist man nicht wirklich sichtbar … im Zuge der Automatisierung verschwindet der Mensch … früher gab es einen Bahnhofsschalter, an dem man persönlich Fahrkarten kaufen konnte. Heute kommuniziert man mit einem Automaten. Nach 10 Minuten sieht man in der Ferne den Zug einfahren, bald führerlos. Digital gesteuerte Fahrzeuge bewegen sich mitunter frei von Menschenhand. Es wird uns nahegelegt, man hätte alles im Griff …

Leises Gemurmel im Zug. Ein strahlendes Blau am Himmel. Die Bäume stehen in voller Blüte. Nächste Station: Plochingen … es ist 15.15 Uhr … Leute steigen ein und aus … Osterreisezeit … Koffer unterschiedlicher Größe bewegen sich über die Bahnsteige … Bäume und Büsche ziehen an mir vorbei …

Mittwoch ab 16.30 Uhr sollen die Konzepte gehängt werden. Ab nächster Woche können wir das kleine dunkelrote Badhaus am Ende des Stadtstrandes mitnutzen. Beprechung der Vernissage, Freitag, den 22.04., 17 Uhr, Eröffnung mehrsprachig, Chinesisch, Hindi, Englisch, Spanisch und Arabisch. Wer beschafft die Getränke? Später Begehung des Badhauses …

Jeder stellt sein Projekt vor … Alraune will eine Gehperformance durch die Stadt machen … bestimmte Ausschnitte von Architektur beleuchten … man sieht der Architektur oft von außen schon an, wo was steht, z.B. die Wohnzimmerwand, davon wenige Fotos … Johannes will Müll installieren … kleine Texte dazu ... Tagesaktionen … Norbert will seine Termine auf facebook veröffentlichen, nur Samstags … eine Kombination aus Musik, Lyrik und Bildern … vor seinem Atelier … Kritik wird laut … keiner sagt etwas … Norbert verteidigt seine Arbeit … es gehe um Mimikforschung … Texte gehören dazu … so, ohne die Texte zu kennen, würde die Arbeit verstümmelt ...

Martin will eine Gruppe von Figuren aus Natodraht installieren. Die Frage ist, ob man sie überhaupt installieren kann, die Sache sei sehr delikat … zu überlegen sei, ob es überhaupt realisierbar ist … man müsste die Installation evtl. durch eine Umzäunung schützen … eine andere Idee seien goldene Häuser, welche auf schwarzer Folie stehen … eine Anspielung auf das goldene Kalb des schwäbischen Hauses … sie wären labil und könnten sich im Wind bewegen … Josef wirft ein, dass dies neben den Containerdörfern auch als Provokation empfunden werden könnte. Insgesamt sei geplant, das Containerdorf zu erweitern … die Folie drumherum sei eine Maßnahme, damit sich keine Echsen ansiedeln … eingeladen wird zum Tanz in den Mai am 30.4., eine

Veranstaltung des Stadtstrandteams. Die Versammlung löst sich auf … Ich rede mit R. über seine Filme … finde sie ganz gut, vor allem den mit der Mauer … man müsse alles Überflüssige weglassen wie in der Architektur … ein Film über Sisyphus und die Unmöglichkeit, eine Mauer zu demontieren … Josef macht noch eine Aufnahme von mir für die Portraitreihe, es hat aufgehört zu regnen … Alraune nimmt mich mit zum Bahnhof … Sie hat eine schwarze Lodenjacke an … das Material ist gut … Ich habe eine ähnliche in blau … Ich steige in ihr sehr gepflegtes, relativ neues Auto ein … Wir fahren los ... Ich hatte ihr noch eine deutsche Miniausgabe des Grundgesetzes gegeben … sie meinte, es passe zu mir …

Mittwoch, 20.04.2016

13.56 Uhr mit dem Zug Richtung Esslingen ... Es ist extrem schönes Wetter ... Der Zug ist relativ leer. 2 Kontrolleurinnen unterhalten sich über alkoholisierte Jugendliche, die mit 14 schon ne Flasche Wodka in der Hand halten. Wie sind die dann, wenn sie erwachsen sind? Sie reden über Flüchtlingskinder ... 6-jährige fahren ohne Fahrschein im Zug und rennen dann einfach weg ... Ich mische mich ein und sage, dass zur Zeit 10.000 elternlose Kinder in Deutschland herumirren ...

Sie sprechen über elektronische Trillerpfeifen, die man nicht mehr in den Mund nehmen muss. Manche Männer waschen sich nach dem Pinkeln nicht die Hände, dann sind die Türen nass und das kann zur Übertragung von Herpesviren führen. Ich finde die elektronische Trillerpfeife praktisch. Nicht nur, um einen Zug zur Abfahrt anzupfeifen.

2 weißhaarige Damen mit Rollator sitzen mir gegenüber, sie fahren nach Ludwigsburg ... Ein junges Pärchen besetzt 3 Plätze ... ihre Füße ruhen auf einem großen Skateboard ... sie liegt eingerollt in seinen Armen und beißt auf seinen Zeigefinger ... sie hat rotgescheckte Haare mit kajalumrandeten Augen ... ich muss aussteigen ...

Dienstag , 25.04.16

Bahnsteig Uhingen, Abfahrt Richtung Stuttgart, 16.15 Uhr … es regnet. Im Gegensatz zum gestrigen Sommerwetter ist heute alles grau in grau. Menschen mit und ohne Kapuzen sammeln sich unter dem Wartehäuschen. Nächste Station … Ebersbach/Fils … Ausstieg in Fahrtrichtung rechts ...

Ein paar Typen im Blaumann verlassen den Zug … eine Frau mit Kopftuch … mir gegenüber sitzt eine junge Frau ... sie hält ein Buch *Pflege heute* in ihren Händen ... ein IC rast in entgegengesetzter Richtung vorbei … »Geil, gell« dringt es an mein Ohr. Jugendliche unterhalten sich. Ich fahre rückwärts … Die Frau mir gegenüber schaut mich an, als ob sie mich in Wirklichkeit fragen wollte: »Was schreiben Sie da?«

Die Bäume, die an mir vorbeifliegen, stehen bereits in saftigem Grün ... nächste Station ... Reichenbach/Fils ... Ausstieg in Fahrtrichtung rechts ... Einige der Mitreisenden starren auf ihre Smartphones ... In Frankreich sind Präsidentschaftswahlen ... der parteilose Macron gegen den Front National ... Le Pen ... In Deutschland tritt die AfD mit einer Doppelspitze an ... Die Angst vor dem Ungewissen treibt die Menschen in den Nationalismus …

Nächste Station ... Plochingen ... diese Zugfahrt endet dort ... bitte alle aussteigen ... Der Papst spricht im Zusammenhang mit den Flüchtlingslagern in Griechenland von Konzenrationslagern ...

Die AfD diskutiert die Abschaffung des Asylrechts, deutsche Frauen sollen wieder mehr deutsche Kinder gebären ... Es regnet ... Ich sitze auf einer Bank am Bahnsteig von Gleis 9 ... Wenige Tauben irren umher auf der Suche nach Futter ... In der S1 Richtung Herrenberg bewegen sich 2 Mädels mit Dirndl und Turnschuhen den Gang entlang ... Ein Chinese mit kahlem Schädel lehnt schwarzbekleidet am Fenster zur 1. Klasse ... Rechts von mir hält sich eine Frau krampfhaft an den Handläufen ihres Rollators fest. Über den Rädern befindet sich eine gehäkelte Stofftasche. Der Chinese ist ausgestiegen, jetzt lehnt ein dicklicher kahlschädliger Türke an demselben Fenster ... Die Frau mit dem Rollator balanciert in Richtung Ausgang ... Sie bittet um Hilfe … »kein Problem« …

Sonntag, 9.05.2016

5 Räder steigen ein … 5 Frauen unterwegs am Muttertag … Die Atmosphäre im Zug ist entspannt, neben mir malt eine Mutter ein Ausmalbild farbig aus zusammen mit ihrer Tochter, gedämpftes Gemurmel im Hintergrund. Die Welt kann auch friedlich sein. Durch die weißgepunkteten Scheiben sind Schemen eines Radfahrers sichtbar. Der Zug gleitet dahin und erzeugt ein andauerndes Rauschen …

Mittwoch, 06.07.2016

Der Esslinger Bahnhof gleicht einer Baustelle. Zwischen Absperrungen warten Reisende. Der Zug ist wieder 5 Minuten zu spät. Menschen sitzen neben mir oder mir gegenüber, lesen Smartphones oder Zeitungen. 2 Frauen unterhalten sich angeregt, während sie auf einem Treppenabsatz Platz genommen haben. Es ist ruhig. Die Sonne legt sich mit ihrer Wärme auf die Reisenden. Ich bin müde und empfinde Sinnlosigkeit in dem, was ich tue … nächster Halt … Plochingen … Die Pflanzen an der Südtangente waren gewachsen … Es sah zuweilen wie eine gewollte Pflanzung aus, doch die Stängel hatten sich ihren Weg durch die Gitterstäbe gebahnt … Hie und da zeigte sich eine Königskerze …

Freitag, 08.07.2016

Habe letztendlich einen Parkplatz ergattert, obwohl die Baustelle am Uhinger Bahnhof ein beträchtliches Ausmaß angenommen hat. Es besteht keine Möglichkeit, im Schatten zu sitzen. Ich treffe Frau M., die mir auch einen Beitrag zum Thema Menschenwürde geschickt hatte. Ich freue mich immer, wenn ich sie sehe.

Sie bietet mir ihren Schirm an, der Schatten spendet. Sie ist auf dem Weg nach Plochingen, dann mit der S-Bahn nach Oberesslingen. Sie berät ankommende Flüchtlinge. Wir reden über die Situation, wie es ist, jahrelang ohne Arbeit zu sein. Die Menschen würden gerne arbeiten , aber sie dürfen es nicht, nicht ohne Asylbewilligung. Dem Vorwurf, dass Flüchtlinge den Staat zu viel Geld kosten, könnte so begegnet werden. Man müsste die Gesetzgebung in dieser Hinsicht ändern. 1 Euro Jobs würden gerne angenommen. Der Mensch definiert sich über die Arbeit und wird durch sie auch integriert.

Ich sagte, ich wolle ein Kunstprojekt machen, aber die Sprache ist erstmal wichtiger. Arbeit und Kommunikation verhinderten auch, dass die Menschen nur im vergangenen Elend verharren. Ich rede von 3 Frauen, die aus Somalia kommen. Ich denke an die Beschneidung und an das Schicksal von Waris Dirie. Welche Geschichte diese 3 Frauen wohl haben? Aber soweit sind wir noch nicht. Es ist ein langsames Annähern ... Einer meiner Schüler ist LKW-Fahrer und kommt aus Homs, ein anderer ist Kurde.

Ich bin jetzt in Bad Cannstatt, um eine Freundin in Stuttgart zu treffen. Es ist drückend heiß ...

Deutschland hat gestern in der EM gegen Frankreich verloren. Sie haben kein Tor getroffen ...

Frau M. ist in Plochingen ausgestiegen ... »Mal sehn, wo wir uns das nächste Mal treffen werden«, sagt sie zu mir. »Ja, da bin ich auch gespannt« ...

Donnerstag, 27.07. 2016

10.56 Uhr … sitze im Zug Richtung Esslingen. Der Zugang zur Eisenbahnstraße ist jetzt vollständig abgesperrt. Hoffe, mein Auto wird nicht abgeschleppt von dem Ort, an dem ich es abgestellt hatte. War kein Parkverbotszeichen zu sehen. Es ist sommerlich warm.

Der Zug ist mäßig besetzt. Eine Frau bändigt ihr quengeliges Kind. Sie sagt, sie sei jetzt schon froh, wenn die Schule wieder losgehe ... heute ist der 1. Ferientag ... nächster Halt … Plochingen ... Der Himmel ist leicht bewölkt, es herrscht eine anhaltende Schwüle, dazwischen blauer Himmel. Ich studiere die Innenauskleidung des Zuges. Die Decke ist grau und hat regelmäßig angeordnete Lochstrukturen. Ich überlege, ob diese Löcher eine Funktion haben. Vielleicht auf dem Weg per Anhalter durchs Multiversum ... Durch den Zug geht ein leichter Ruck, alle halten kurz inne … nein, es war nichts … der Zug gleitet weiter auf den Schienen entlang … nächster Halt … Esslingen Neckar ... Menschen steigen ein und aus … Ich fahre heute nach Stuttgart weiter … ein kurzer Abstecher ins Kunstmuseum …, mich interessiert eine Ausstellung zu Video- und Performancekunst … nachmittags ins Daimler Benz Museum ...

Dienstag, 16.08.2016

Habe alles gepackt … will den Zug um 13.56 Uhr noch erreichen. Aufgrund des ausgedehnten Baustellengeländes am Uhinger Bahnhof fahre ich in eine weiter entfernte Nebenstraße, um einen Parkplatz zu finden ... Ich laufe mit meinem Rucksack Richtung Bahnsteig ... Aufgeschlagene Versteinerungen liegen mir vor dem Gleis zu Füßen. Ich pflücke einen Stein. Ein Teil eines Ammonitenabdrucks ist zu sehen. RE Richtung Stuttgart. Der Zug hat 5 Minuten Verspätung. Wie hätte es sonst auch sein können. Im Zug das übliche Sprachengemenge: Polnisch, Indisch, Deutsch …

Alle fahren in eine Richtung … 4 Jugendliche beschäftigen sich mit einem Quiz … wer war der Erfinder der Psychoanalyse? … nächster Halt … Esslingen/Neckar … wie lautet eine deutsche Universitätsstadt? … Gießen … wie heißt eine Wintersportart, die auf dem Eis gespielt wird? ... dem Sprichwort zufolge ist der Feind meines Feindes mein Freund … der Feind deines Feindes hat das gleiche Interesse wie Du, also ist er Dein Freund … an welchem Ozean liegen die Malediven? ... Grenze … die Deutschen sagen Grenze … border … frontier …

Ich will die S-Bahn um 9.22 Uhr nehmen, Haltestelle Stuttgart Feuersee ... Ich hatte bei K. noch Kaffee getrunken, wie immer sehr gemütlich ... Die Gewürzpflanzen gedeihen prächtig auf dem Balkon hinter der Küche ... K. schwärmt von der mexikanischen Paprika ... Manche Pflanzen hätten eine extreme Durchsetzungskraft. Wir reden und vergessen darüber die Paprika …

Ich eile mit Rucksack und Rollkoffer Richtung Haltestelle Feuersee ... Es ist heute wieder recht warm. Die S-Bahn hat 5 Minuten Verspätung ... Steige in Bad Cannstatt aus ... Hier könnte ich noch den Anschluss nach Uhingen schaffen ...

Ich steige auf Gleis 8 in den RE ... Eine ältere Dame gibt mir zu verstehen, den von mir gewählten Platz einnehmen zu wollen. Ich überlasse ihr denselben, obwohl ich mich frage, warum sie mit dieser Selbstverständlichkeit dieses ihrer Ansicht nach ihr zustehende Recht geltend macht. Die abgewetzten Henkel ihrer braunen Polyesterhandtasche beantworten meine Frage.

Eine Schaffnerin kontrolliert die Fahrkarten. Sie kennt diese Dame wohl bereits. Ich frage mich, wie ich mich in 15 Jahren verhalten werde. Ob ich ebenfalls im Altersstarrsinn mein Recht auf Leben und Geachtetsein derart geltend machen werde. Der Zug ist mäßig besetzt, amerikanische Satzfetzen sind zu vernehmen. Die weißhaarige Dame sitzt mir nach wie vor gegenüber.

Das Blau ihrer Augen verliert sich in Blicken, die nirgendwo enden. Bescheiden der blauweißgestreifte Pullover. Ihr Blick wendet sich nach draußen ... Der Esslinger Bahnhof ist leer. Wenig Geschäftsverkehr …

» Sometimes it takes longer than you think … it's boring like …

sorry? … not everything … I'm not very good at pleasing anybody…« Ich kann dem Gespräch nicht wirklich folgen …

Das blauweißgestreifte Oberteil hat 2 Löcher, die für den Einzug eines Bandes gedacht sind. Das Band fehlt. Die Dame hat relativ große Hände, welche sie in ihrem Schoß faltet. Ihre linke Hand ergreift die braune Tasche. Sie beugt sich zu mir herüber und erklärt mir ihren erneuten Platzwechsel. Sie müsse sich auf die andere Seite setzen, ihr sei so übel. Sie setzt sich und legt ihre Beine auf die gegenüberliegende Sitzreihe. Ihr Kopf ist auf ihre linke Hand gestützt. Ihr trauriger Blick durchdringt die angrenzenden Plätze ... Die Landschaft gleitet am Fenster vorbei: Bäume, Häuser, Brücken, der leicht bewölkte Himmel ... nächster Halt … Reichenbach/Fils … Ausstieg in Fahrtrichtung rechts ...

Das Abteil auf der anderen Seite ist nicht besetzt. Ein großer grüner Einkaufstrolley mit buntkarierter Klappe lehnt an dem Doppelsitz. Die Gangtür öffnet sich. Ein Mann mit geschätzter Schuhgröße 48 läuft links an mir vorbei … Er bewegt sich dann wieder in entgegengesetzte Richtung, um auf einem der Klappsitze im Vorraum Platz zu nehmen. Er hat graue Haare, eine Nickelbrille und ein etwas vorstehendes Kinn mit Spitzbart.

Ebersbach/Fils … Ausstieg in Fahrtrichtung rechts ... Ich nehme mein Gepäck und bewege mich Richtung Ausgang. Die ältere Dame schenkt mir ein *auf Wiedersehen* ... ich wünsche ihr eine gute Weiterfahrt. Sie hat wohl gemerkt, dass sie mich berührt … Ich steige aus und bin mit einer Baustelle konfrontiert, die wie ein Irrgarten anmutet. Ich will ein Foto machen. Ein Mann stellt sich vor meine Linse. Ich gebe zu verstehen, dass ich ein Foto machen will …

Donnerstag, 22.09.2016

Ich warte auf den Zug um 15.59 Uhr nach Esslingen ... Kaum auf dem Bahnsteig höre ich, der Zug hat heute 10 Minuten Verspätung.

Der Bahnsteig ist relativ voll ... Kinder sitzen am Boden mit ihren Schulranzen und spielen ... Ich will ein paar Aufnahmen machen ... Nachdem ich endlich mein Gerät justiert hatte, zeigt mir die Anzeige: Speicherkarte voll. Ich nehme stattdessen mein Handy. Da der Bahnsteig mit Intervallen gleichmäßig besetzt ist, ist es schwer, einen Bildausschnitt zu finden, welcher beim Fotografieren keine Persönlichkeitsrechte verletzt. Es gelingen mir ein, zwei Schnappschüsse ...

Morgen ist offenes Atelier. Ich sollte noch die Texte zusammenstellen für die Lesung. Mein Kopf ist voll … von Plänen, Eindrücken, Fragen ...

Der Zug kommt ... Ich suche einen ruhigen Platz. Schüler unterhalten sich über Gelerntes … Licht, Dunkel, hoch, tief … ich kann nur Sprachfetzen aufnehmen. Gestern Abend war ein Interview mit dem Künstler Erwin Wurm im Fernsehen. Er wird den österreichischen Pavillon auf der Biennale in Venedig bespielen … zusammen mit einer österreichischen Künstlerin ... Er bekommt den Hauptraum, sie den Anbau und den Außenbereich. Über die Hintergründe dieser Verteilung wollte sie nicht sprechen. So sei es immer …

Ich steige in Esslingen aus ... Setze mich noch auf die stahlkalten Wartesitze auf dem Bahnsteig ... Von fern klingt Sidney Bechet. ... Es wird auch hier gebaut. Die Sonne ist heiß ... einer dieser drückend warmen Septembertage. Ich stehe auf und gehe weiter ...

Wir treffen uns um 17 Uhr in der Berlinerstraße ... Alraune und Josef warten … die Räume ausmessen ...

Dienstag, 27.09.2016

Ich will den Zug um 13.56 Uhr nach Bad Cannstatt nicht verpassen. Er scheint keine Verspätung zu haben ... 13.46 Uhr … Ein anderer Zug kommt … bin froh, nicht lange warten zu müssen ... Lese ein Buch über Totengeister von Sam Hess. Er ist Schweizer.

Ich bin dabei einzusteigen, da kommt mir eine blaue Tasche entgegen. Eine Frau drückt sie mir in die Hand und bittet mich, sie entgegenzunehmen. Ich folge ihrer Anweisung und stelle die Tasche auf den Bahnsteig … es sind ein paar eingeschweißte Würste drin. Kurz darauf liegt ihre Hand in meiner, sie hält sich an mir fest, um die Absatztreppe an der Zugtüre hinabzusteigen. Sie bedankt sich … »gerne«, sage ich und erklimme den Zugwagen ... Es ist schwül. Ich setze mich.

Ich bin zu faul, um irgendetwas zu tun. Ich frage die mir gegenübersitzende junge Frau, ob der Zug denn nach Stuttgart fährt, aber sie weiß es auch nicht … sie fährt normalerweise mit einem anderen Zug.

Ich will heute nach Echterdingen. Mir ist etwas mulmig … eine schwarze Katze lief mir heute über den Weg, außerdem habe ich Platz 11 C im Flugzeug, aber ich will nicht abergläubisch sein. Ich freue mich auf M.

Samstag, 15.10. 2016

Ich packe noch 3 Kataloge ein, 1 schwarzes Klebeband, 1 Schere und einen Ersatzfilm … man weiß nie … Es ist warm, fast zu warm für meine weiße Vintagenylonbluse.

Ich warte in Esslingen auf den Zug um 16.03 Uhr … nach kurzer Zeit ertönt aus dem Lautsprecher RB No … hat heute 10 Minuten Verspätung … 2 Mädchen mit blaugrüngelben Haaren warten am Boden sitzend ... ihre Füße ruhen in grünen Schuhen und tragen Beine, die das Pflaster in der Horizontale bedecken ... sie rauchen ... Ein braungrauer Armyrucksack lehnt am Fahrkartenschalter ...

Ein gelber Reparaturzug rast Richtung Ulm am Bahnsteig vorbei ...

Ein junger Mann streichelt den Bauch seines Taschenhundes ... der Hund wälzt sich wohlig auf seinem braunschwarzfelligen Rücken ...

Bob Dylan hat den Literaturnobelpreis bekommen und schweigt. In der Werbung für Chrysler spricht er. *The times they are changing …*

Donnerstag, 27.10.2016

Ich habe keine Lust zu schreiben … gestern kam in den Nachrichten ein Bericht von *Human Rights Watch* von schweren Folterungen in der Türkei … die *DITIB*, mitunter verlängerter Arm von Erdogan, mischt mit in der Flüchtlingshilfe … Ich fahre nach Esslingen … Aufsicht in der Ausstellung *das Fremde* … bin zu früh dort … vor dem Bahnhof steht die Skulptur *don't touch* …

Im *ES* der übliche Einkaufstrubel … Ich lasse die Maille hinter mir und mache ein paar Fotos …

Inzwischen hat Josef aufgeschlossen. Habe mit M. Aufsicht … wir stellen fest, dass wir an der gleichen Schule waren … mit z.T. den gleichen Lehrern … nur zu verschiedenen Zeiten …

Es kommen wenige Besucher … C. ist auch da. K. kommt mich besuchen … mit einem Geschenk … Bill Bryson *Reif für die Insel.* Ob Künstler würdig behandelt werden? Ein Zweck an sich? … Schwierige Frage … die Ausstellung ist gut und findet ein Echo in der Stadt …

Vor der Heimfahrt mache ich einen Besuch in der Buchhandlung am Bahnhof, wärme mich auf und verschaffe mir einen Überblick. Mir fallen diverse Malbücher für Erwachsene auf, Städte, Blumen, Malen nach Zahlen … danach gehe ich auf den Bahnsteig, Gleis 6. Der RE Richtung Göppingen sollte um 19.42 Uhr eintreffen, er kommt 10 Minuten später ...

Ich setze mich auf einen Baublock und blättere in dem neuen Buch von Bill Bryson. Ein Kapitel über Wales, Dylan Thomas und seine Bootshütte in Laugharne, in dem er *under milkwood* schrieb. Ich kann mich gut an den Ort erinnern ... die Aussicht auf Bucht und Meer …

Ich sitze schließlich im Zug und fahre mit dem Rücken zur Fahrtrichtung. Ein Mitreisender mit Baseballcap bietet in der Sitzreihe vor mir seiner Nebensitzerin ein Eis an, in brauner Tüte mit blauer Schrift ... sie lehnt ab ... er bietet weiteren Sitznachbarinnen dieses Eis an ... wiederum Ablehnung ... Es vergehen ein paar Minuten ... der Baseballcapträger versucht es erneut mit einer Süßigkeit. Er wird sein Geschenk los … um des lieben Friedens willen. Er meint: »Wenn Sie es essen, denken Sie an mich« … er steigt schließlich aus … Sie wirft das ungewollte Geschenk in den Müll ... nächste Station … Uhingen … ich steige aus …

Freitag, 28.10.2016

Ich hatte mich bereits im Internet informiert ... Diese Woche bekommen alle Fahrgäste Kinderfahrkarten, um einen Anreiz zu schaffen, mit der Bahn zu fahren. Zu hohe Feinstaubbelastung ...

Ich nehme extra einen Zug früher ... 17.56 Uhr. Der um 18.15 Uhr fällt sowieso aus. Der Zug scheint pünktlich zu sein. Später erfahre ich, er hätte wohl schon vor 1 Stunde da sein sollen ...

Im Abteil herrscht Unruhe. Eine junge Frau, die sehr hübsch ist, telefoniert. Sie hat braunrote Haare mit einem kurzen Pony, ein T-Shirt in einem hellen Orange mit Muster, ein kurzer türkisfarbener Rock und gelborangene Strümpfe. Sie spricht angeregt, sagt, sie fühle sich durch die anderen Menschen beobachtet. Es stimmt … ich betrachte sie durch die Öffnung zwischen den beiden vor mir liegenden Sitzen. Sie berichtet, wen sie alles besucht hat, ihren Opa am Genfer See, ihre Tante in Dänemark und ihre Eltern in Freiburg … plötzlich eine Ansage: Der Zug fährt heute nicht weiter nach Stuttgart … bitte alle aussteigen in Plochingen … Eine weitere Mitfahrerin tönt mit lauter Stimme in ihr Mobiltelefon: Ich treffe R.I. …

Wir steigen aus … wohin? 18.08 Uhr Gleis 1 bis 4 … nein, es ist Gleis 7 … wir rennen die Treppe hinunter, die Unterführung entlang, die Treppe wieder hoch, Gleis 7 … der Zug nach Stuttgart fährt gerade weg … also wieder zurück … Gleis 4 … Massen tummeln sich auf dem Bahnsteig, teilweise koffertragend … Es ist die Ferienwoche …

Der Zug fährt ein … Ich erobere einen Sitz, dann höre ich ein nettes Gespräch über das Ende des Arbeitslebens, die Kinder, die Situation der Krankenhäuser, den Geldmangel in der Gesellschaft, die Herausforderung des 3. Lebensabschnitts … in meiner Tasche Seneca … *über die Gelassenheit…*

Mittwoch, 11.01.2017

Schon fast 1 Jahr ist vergangen. Ich sitze im Zug. Die Sonne scheint durch das Fenster links von mir und verzaubert den unspektakulären Bahnrand in eine Zuckerlandschaft. Der Zug ist leer. Häuser fliegen vorbei ... Es ist gut, bewegt zu werden ... Weiße Hauben über den Pflanzen einer Gärtnerei ...

Nächste Station: Reichenbach an der Fils … Ausstieg in Fahrtrichtung rechts … Es ist 10.30 Uhr. Ich will M. in Cannstatt treffen, im Bahnhof. Vorher noch ein paar Fotos ausdrucken … es gibt keine Tintenstrahldrucker in den üblichen Copyshops. Außerdem sehen, was von meiner Ausstellung in Bad Cannstatt noch hängt ... Eine junge Frau nimmt schräg rechts von mir Platz ... Sie hat ein Smartphone mit applizierten rosa Glitzerohren. Hat was Warholisches. Ich bin müde. Habe nicht gut geschlafen ... Irgendein Traum, in dem ich wiederholt Wasser aus dem Fenster geschüttet habe ... Was es wohl bedeutet? Plochingen … Ausstieg in Fahrtrichtung rechts ...

Dienstag, 21.02.2017

Abfahrt Bahnhof Uhingen, 14.55 Uhr … die Anzeigentafel sagt mir … der Zug kommt 10 Minuten später … es regnet … ein trüber Tag ... Die graue Oberfläche der Schallschutzwand trägt das Ihre bei. Ich setze mich in das Wartehäuschen … Ein Kind schaut mich mit großen Augen aus dem Kinderwagen an. Ich winke ihm zu : »Hallo, wie heißt du?« »Hussein« . »Wie alt bist du?« »2 Jahre« … Hussein winkt zurück ...

Auf dem gegenüberliegenden Gleis rast eine Lok heran ... Husseins Mutter hält sich die Ohren zu. Hussein weint ... Die Menschen warten auf Züge, die nicht kommen ... In den Pfützen sammelt sich das Regenwasser ... Endlich hält eine Bahn. Wir steigen ein ... Ich schicke M. ein paar Schnappschüsse. Das Grün der Landschaft zieht vorbei ... Ebersbach, Reichenbach, Plochingen, Esslingen Neckar ... Es ist 15.30 Uhr. Der Zug füllt sich … Murmeln, Hüsteln, der Bauturm des RVI … die Flüchtlingslager … der Stadtstrand … Weinberge … Bad Cannstatt … ich steige aus…

Mittwoch, 22.02.2017

Ich breche auf ... Stuttgart Hbf … 12.00 Uhr. Ich habe noch etwas Zeit. 160.000 Menschen protestieren in Spanien für die Aufnahme von Asylsuchenden ... Meldung aus dem Internet. Es steht nichts darüber in der Zeitung. Im Zeitungsladen am Bahnhof ein großes Angebot … Titelbilder … Merkel, Schulz, Trump ... in der Frankfurter Rundschau ein Artikel von *Amnesty International* über die Nichteinhaltung von Menschenrechten ... Zunehmende Menschenrechtsverletzungen gegen Menschen, die für Freiheit und Demokratie eintreten ... Der Zug fährt ab …

... mal wieder an der Uhinger Bahnstation ... die Sonne scheint ... Ich mache mich auf in Richtung Stuttgart ... der Bahnsteig ist leer ... sitze da und lese den Kulturteil der NWZ ... ein neuer Roman von Strunk ist erschienen ... *über den Alltag von Verlierern* ... Ich sehe HeWa auf dem Bahnsteig ... ein kurzes Gespräch über eine Augenklinik ... man muss aufpassen, dass nicht das falsche Auge behandelt wird ... diesbezüglich müsse man massiv Protest einlegen, um Schlimmeres zu verhindern ... Ich sage, bei der Operation von Kunstgelenken werden wenigstens die betroffenen Organe mit einem Edding markiert ... Bei besagter Augenklinik wird das zu behandelnde Auge mit einem ringförmigen Tape ausgestattet ... Wehrt man sich nicht rechtzeitig, bekommt man schon die Narkosespritze verabreicht ...

Ich steige vorne ein ... Auf den blauen Sitzen der Bahn liegen kleine Karten. Die Bahn will sich für diverse Verspätungen entschuldigen ... ein Trostpflaster ... Bad Cannstatt ... ich steige um in die S-Bahn ... Ein Kind mit gestreiftem Strampelanzug und Vogelapplikation sitzt mir gegenüber. Es fixiert einzelne Lichtblitze vorüberrasender Häuser ... Die Mutter setzt es in einen neongelbschwarzen Kinderwagen und schnallt es fest ...Von dem Mann neben mir geht ein unangenehmer Geruch aus ... Es lohnt jedoch nicht mehr, sich umzusetzen. Gleichmütig hält er mit beiden Händen seine zerbeulte Tasche fest ...

Mittwoch, 29.03.2017

Abfahrt 11.32 Uhr mit dem Bus nach Plochingen ... Alle Züge fallen für einige Zeit auf den Kurzstrecken aus ... Statt 2 Stunden von Süßen nach Stuttgart und zurück sind die Pendler 5 Stunden unterwegs ... Die Bahn hatte in derselben Woche 45.000 Geschenkgutscheine als Kompensation ausgelegt ...

Am Ortsausgang Uhingen Richtung Ebersbach fallen Cluster gelber Narzissen auf. Ich denke an Wales ... Draußen ist es sonnig, cirka 22 Grad Celsius. Überall sieht man rosa und weißblühende Bäume. Die Zeit steht auf Wachstum ...

Nächster Halt: Ebersbach. *Power Gym ... Fitness für Alle,* heißt es rechts in großen Lettern an einem grauen Gebäude. Der Bus fährt entlang einer gelben Schallschutzwand ... Eine Frau mit Sonnenbrille und einer Plastiktasche, verziert mit einer Blume im Andy-Warhol-Stil, steigt aus ... Kleine holzbemalte bunte Eier beleben den grünen Grassaum. Eine junge Frau schiebt ihren Nachwuchs im Sportwagen ... links *Eurofoam* ... rechts die Bahngleise ...

Auf Plakatwänden wird für Ü 30 Parties geworben. Eine ältere Frau mit halblangen grauen Haaren und Sonnenbrille sitzt vor mir. Ihre Wangen sind eingefallen. Sie sieht trotz ihres Alters attraktiv aus.

Reichenbach ... rechts ein Grillstand mit Hendl und Haxn. Der genetische Unterschied zwischen Huhn und Mensch ist minimal. Das Erbgut des in Asien lebenden Roten Kammhuhns *Gallus gallus* besteht aus etwa 20.000 bis 23.000 Genen und ist damit dem unseren ähnlich, nur hat der Mensch drei Mal so viele Basenpaare wie das Huhn.

Wer hat nun ein Recht auf Würde, wer nicht und warum? Es geht weiter Richtung Plochingen ... Das Hundertwasserhaus ist Teil einer Häuserzeile ... auf einer Plakatwand: *Plochingen entdecken* … rechts *Lidl* … wieder ein Fitnessstudio. Die Brauerei Plochingen, links ein altes Kino … *moonlight* ist auf dem Programm …

In Plochingen wird der Zugfahrer darüber informiert, dass die Gleisbauarbeiten vom 27. März bis 9. April dauern werden. Wir warten auf den IRE … 20 Minuten Verspätung … auf Gleis 1 ... bitte Vorsicht bei der Einfahrt … die Zugtüre öffnet sich … bereits auf den Eingangstreppen sitzen Fahrgäste. Die Sitze in den Abteilen sind weitgehend besetzt … Mein Blick fällt auf ein Silo unterhalb der Gleise mit Rekordkraftfutter … Überall sprießen hellgrüne Blattknospen aus den Zweigen. Der Frühling ist da … komisch eigentlich, dass der Herbst nicht Spätling heißt ...

Rechts die Türme des Kohlekraftwerks Altbach … dann eine Kläranlage … im biologischen Teil bauen Bakterien unsere Abfälle ab, sie gewinnen umgekehrt Energie für ihren Stoffwechsel, eine typische Win-Win-Situation … rechts eine Moschee, der nächste Halt … Esslingen ... Ausstieg in Fahrtrichtung rechts … um mich herum gedämpftes Gemurmel … der Sauerstoffgehalt im Abteil lässt zu wünschen übrig … zuviele Veratmer produzieren Kohlendioxid ... aber laut Trump haben wir ja kein Klimaproblem ...

Mittwoch, 26.07.2017

Seit 3 Monaten fahre ich das erste Mal wieder Zug … es gießt … ich warte auf die Regionalbahn, Abfahrt 13.55 Uhr … der Zug fällt heute ganz aus … Betriebsstörung … nächster Zug 14.16 Uhr. Ich gehe unter die Überdachung ... eine Frau zeigt auf den freien Platz neben ihr. Ich setze mich und nehme meine Kamera in die Hand ... knipse ein paar Bilder …

Der Regen fällt unaufhörlich weiter ... Ich denke an die Lamettavorhänge von M. M. Ich stehe auf und gehe kurz in den *DM* um die Ecke in der Nähe des Bahnhofs ... Die Drehvorrichtung meines gestern gekauften Lippenstifts funktioniert nicht. »Umtausch, kein Problem«, sagt eine Verkäuferin, nach einem vergeblichen Versuch, den Stift herauszudrehen ... »Da sieht man alt aus«, meint sie … sie gibt mir einen Ersatzstift … er ist o.k … Ich laufe zurück zum Bahndamm entlang der grauen Schallschutzwand ... Mache ein paar Bilder … *fuck Zecken* … *Antifa gegen NS* … die politische Trostlosigkeit geht einher mit dem nassen Grau des Betons ...

Pflanzen zwängen sich am Fuße der Schallschutzwand dem Licht entgegen ... Ich laufe zurück ..., fotografiere die Oberleitungen und denke wieder an Sonderborg … Er lebt nicht mehr … Ein Teil seiner Bilder wird inzwischen auf *ebay* verkauft. Ich setze mich wieder unter die Überdachung ... Ein Syrer zeigt auf den leeren Platz neben dem Seinen ...

Der nächste Zug kommt 5 Minuten später ... Ich steige ein, die Besetzung im Zug ist international. Ich verlasse die Bahn in Bad Cannstatt ... Umstieg auf Gleis 2, S-Bahn Richtung Filderstadt. Es hat aufgehört zu regnen. Ich habe meine neuen Winterstiefel an. Nach dem Bruch meines Sprunggelenks vor 3 Monaten will ich Sicherheit, fest stehen, beschützt gehen ...

Hbf Stuttgart … Menschen strömen ins Abteil … mit Rucksack, Kinderwagen, mit Akten in der Hand ... Jugendliche unterhalten sich, dazwischen Smartphonegespräche … S2 nach Filderstadt … *next station … Stadtmitte … doors will open on the left.* Es ist 3 Uhr … trotz Zugausfall und Verspätung bin ich gut in der Zeit …

9.45 Uhr auf dem Bahnsteig. Will mit dem RB 9.55 Uhr nach Stuttgart … 51 Arbeiten bei der GEDOK abgeben für die Ausstellung *Boxenstopp*. Der Zug hat wieder 10 Minuten Verspätung. Der Zeitüberhang wird zur Normalität ...

Wartende verteilen sich in gleichmäßigem Muster auf dem Bahnsteig ... neben mir 2 türkische Frauen mit Kinderwagen … ein junges, ebenfalls türkisches Paar sitzt im Unterstand. Beide starren auf die Displays ihrer Smartphones … Türkischpop dringt an mein Ohr ... Frau S., die ich kurz vorher mit Geigenkoffer gesehen hatte, ist nicht mehr da …

Ich filme ein paar Ausschnitte … verschiedene Spezies recken ihre blattbesetzten Stängel aus den Ritzen des Betonbodens am Bahndamm ... ein paar weggeworfene Zigarettenkippen stören ihre unaufdringliche Schlichtheit ...

Eine Dame im roten Mantel mustert mich ... Der Zug kommt ... ich steige ein … Das Baby im Kinderwagen wird ins Abteil gehievt … Ich setze mich in Fahrtrichtung ...

Auf der Sitzgruppe links neben mir ein korpulenter italienischer Mitbürger, der die Bildzeitung liest. Er besetzt mit seinem Gepäck das ganze Abteil alleine. Er legt die Zeitung weg und putzt die Fingernägel ... Sein aufdringlicher Geruch erreicht meinen Platz ... Ich schaue rechts zum Fenster raus, um nach Luft zu schnappen … Plochingen ...

Der Mann links von mir führt Selbstgespräche unter seiner schwarzen Baseballkappe ... ich schaue wieder nach rechts ... Bäume ziehen vorüber ... es ist Herbst ...

Wir erreichen den Esslinger Bahnhof … überall Baugelände und weißrote Absperrungen ...

II

Bahnsteig Uhingen / 2016

Bahnsteig Uhingen / 2016

Schallschutzwand Bahnhof Uhingen / 2017

Bahndamm Bahnhof Uhingen / 2017

Bahnsteig Uhingen / 2016

Unterführung / 2016

Unterführung / 2017

Bahnhof Uhingen / 2016

Aufgang Bahnhof Uhingen / 2016

Schallschutzwand / 2017

Baustelle / 2017

Bahndamm / 2017

Schallschutzwand / 2017

Bahnsteig Uhingen / 2017

Fahrgastinformation / 2017

Warten / 2017

Aufs Maul / 2017

Schallschutzwand / 2017

Fluchtweg / 2017

Schallschutzwand / 2017

Warten / 2017

Warten / 2017

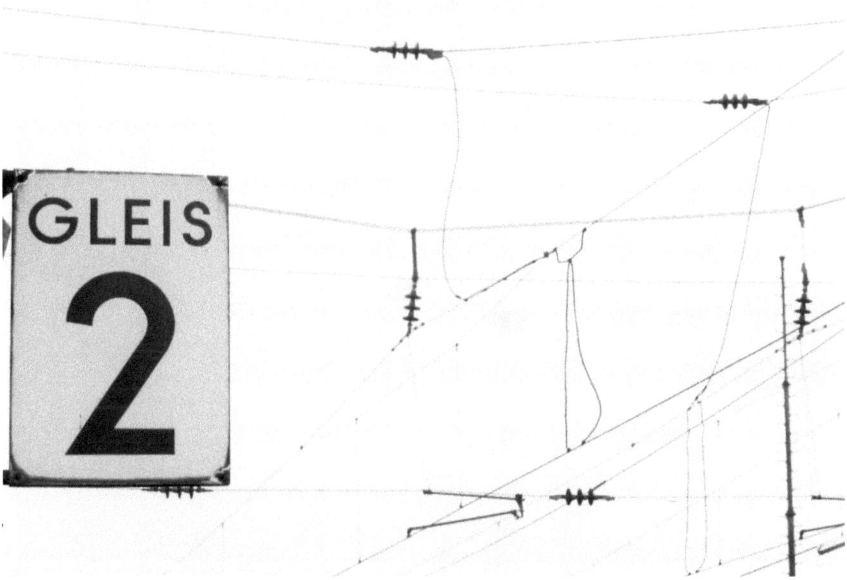

Gleis 2 / 2017

Ruderalvegetation / 2017

Schallschutzwand / 2017

Schallschutzwand / 2017

Schallschutzwand / 2017

Aussicht / 2017

refugees welcome / 2017

Bahnhof Plochingen / 2017

Aussicht / 2017

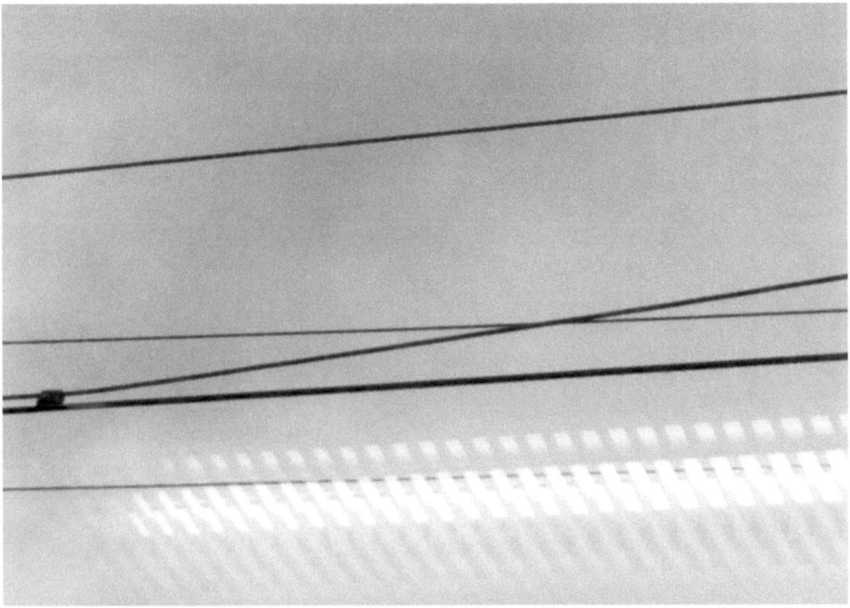

Aussicht / 2017

Abteil / 2017

Aussicht / 2017

Aussicht / 2017

Abteil / 2017

Warten / 2017

westwaerts / 2016

Flüchtlingslager Esslingen / 2016

Flüchtlingslager Esslingen / 2016

Aussicht / 2016

Südtangente Esslingen / 2016

Aussicht / 2017

Fleischmannstraße / 2016

Aussicht / 2017